Rolf Schneider
Die Zeit, die vergängliche, die nie ankommt

Herausgeber Leif Kribbeler

Das Buch beinhaltet Gedichte, die nur geschrieben wurden, weil es nicht anders ging. Es entsprang einem Bedürfnis des Autors, sich in Gedichten auszudrücken, jedenfalls immer dann, wenn es ihn „erwischte" und das war, bezogen auf die Dauer der Zeit, in der die Gedichte entstanden, nicht sehr oft. Das Schaffen war dabei nie von dem Gedanken getragen, etwas zu veröffentlichen, sondern dem Autor ging es darum, sich für seine Nachkommen zu hinterlassen, einem Sohn und einer Tochter, nebst Gefolge.

Rolf Schneider, der Autor, ist geboren am 24.05.1946 und lebt mit seiner Ehefrau in Horneburg, Kreis Stade. Er ist in Hamburg aufgewachsen, mit drei Geschwistern, und immer noch tätig als juristischer Sachbearbeiter in einem Anwaltsbüro.

**Rolf Schneider**

# Die Zeit, die vergängliche, die nie ankommt

*Bibliografische Information der Deutschen Nationalbibliothek:*

*Die Deutsche Nationalbibliothek verzeichnet diese Publikation in der Deutschen Nationalbibliografie; detaillierte bibliografische Daten sind im Internet über http://dnb.dnb.de abrufbar.*

*Umschlaggestaltung: Pixabay; EasyCover by BoD*

*Herstellung und Verlag: BoD – Books on Demand, Norderstedt*

*ISBN: 978-3-7392-4136-4*

## Vorwort

Schon seit ich denken kann, zitiert mein Opa Rolf seine Gedichte. Wenn wir zusammen philosophieren über die Themen dieser vielfältigen Welt oder wenn wir uns einfach nur unterhalten. Für einfach alles hat er ein passendes Gedicht parat. Ich bin jedes Mal erstaunt darüber, wie er zum Teil Werke flüssig wiedergibt, die er vor einem Dutzend Jahre geschrieben hat. Ich kann mir nicht einmal den ersten Satz meiner eigenen Geschichte merken, die ich selbst schreibe, geschweige denn meine Vokabeln, die ich am Vortag ins Vokabelheft übernommen habe.

Aber nun zu dem, der hier die wichtigste Rolle spielt: Rolf Schneider. Neben seiner Kunst des Merkens besitzt er außerdem die Fähigkeit, super Gedichte zu schreiben. Mit der schlichten Bewertung „super" meine ich selbstverständlich sehr viel mehr. Künstlerisch, tiefgründig, wahr, zeitgemäß, modern und noch viel mehr. Er lässt bei mir als Leser mit seinen Gedichten sofort ein Bild entstehen, so als hätte er ein Gemälde erschaffen. Er lässt mich nachdenken über seine Beweggründe und auch über unsere Welt. Und in nichts anderes als in Gedichten kann man so etwas machen. Nicht in Büchern, nicht in Bildern und auch sonst wo nicht.

Opa Rolf hat mir seine Gedichte erstmals als DIN A4 Seiten in einem Schnellhefter zukommen lassen, damit ich sie lesen konnte. Jedoch machen sie sich in einem kleinen Buch viel besser, geordnet und außerdem in einem einheitlichen Format. Ich fühle mich daher sehr geehrt, dass er es mir überließ, seine Werke in Buchform zu bringen.

Und hier sind sie nun alle.

Die Gedichte von Rolf Schneider, von meinem Opa Rolf.

Eine Anmerkung noch: Manche Gedichte sind mit dem Versuch einer Interpretation versehen. Dazu erklärt Opa Rolf: „Nicht ich schreibe es (das Gedicht), sondern es schreibt sich."

Für meine Frau Lilli, Natascha, Leif,

Didi, Florian und Kerstin

# 2018

## Wieder allein

Es sind die täglichen Rituale
die uns verlassen
wenn der Faden reißt
und einer fehlt
das Eincremen deiner Füße
auf dem Bett
die immer gleiche Haltung
mein Blick der dich erreicht
liebevoll
das Umarmen zuletzt
und morgens
bevor ich das Haus verlasse
es sind die kleinen Dinge
die man dann vermisst
und erst bemerkt
sobald sie fehlen
die Art wie du dich bewegst
dein Lächeln
das Schimpfen
leer ist der Tag, einsam die Nacht.

## Hartz 4

Spielbälle
die da tanzen
behördenintern vorgeführt
Namen wie Rauch
Nummern

von Amts wegen entblößt
der Gesichter beraubt
zur Sache herabgestuft
+ auf die Schnur gezogen

durch jene
die den Spargel essen
das Outfit eines jeden prüfen
mit dessen Würde spielen
+ dann entscheiden

alles innerhalb der Norm

War es Schlaf
aus dem ich erwachte
als es begann
um zu sehen
mich, dich
jene, mit denen ich umging
zu erleben
was gut war und was nicht?
Ist es vorstellbar
einen Steinwurf später
erneut zu schlafen
ohne zu erwachen?
War es die Suche
nach dem Danach
die Ohnmacht
vor dem Aus
um zu ertragen
dass alles mal ein Ende hat?
Ich sehe die Bäume
den Herbst mit seinen Farben
Noch weiß ich
dass ich es bin
der das sieht
Heute noch
Und morgen?

## Leben um zu fressen

Auf der Weide
steht mein Schatten
mehr Potential
erreicht ihn nicht
Selbst idealerweise
bleibt vieles unentdeckt
was in uns steckt
und ohne Echo
als mögliche Erfüllung
nur zu erahnen ist.

Weihnachten
und andere Feste
traditioneller Unsinn (?)
menschgemacht
ideologisch untersetzt
pathetisch aufgewertet
um Stimmungen zu erzeugen
(für kurze Zeit)
die tragfähig sind
das Einerlei des Heute
unterbrechen
Märchen zulassen
wie in Kindheitstagen

# 2017

Bloß weg von diesem Balkon
den ich nicht liebe
Auf dem die Bank steht
ungenutzt
Die Blumen fehlen
am Geländer
Wo vor dem Haus
die Autos lärmen
und hinter ihm
die Züge donnern
Auf den die Gaffer
ihre Blicke richten
Die Nachbarn
ihre Fenster schließen
wenn ich eine rauche
täglich um 22 Uhr 10.

## Alltag (3)

In Pausen strukturiert
zwischen Frustration
und Hoffnung
Ohn-macht
ob der Dinge
die dich bestimmen
und die man nicht verhindern kann
Dazwischen ein Lächeln
mutig, nein trotzig
Optimismus vorgebend
ohne den Weg zu kennen
und sich dies einzugestehen
Ventile finden
die nichts taugen
unerfüllt bleiben.

## Versuch einer Interpretation zu Alltag (3)

*Frustration* = Dinge, die dich bestimmen und die man nicht verhindern kann
*In der Pause dazwischen ein Lächeln mutig, trotzig* = Wunsch und Hoffnung, gleichermaßen auf eine Änderung; wobei trotzig eine innere Auflehnung (gegen was?) bedeutet
Vielleicht schon unbewusst gegen die Unkenntnis des Weges, die man sich – weil unbewusst – nicht eingestehen kann
Anstatt den Weg zu finden, findet man nur Ventile, die nichts taugen und bleibt unerfüllt, wobei hier nicht nur die realistische Feststellung getroffen wird, sondern auch eine gewisse Resignation mitklingt.

## Sommer

Tage in Grün
die einander gleichen
durch die der Wind
die Wolken schiebt
Wolkenschiffe
ins Blau der Ostsee
ohne Hast
fast schon im Stillstand
Promenadengänger
herausgefallen
aus der Knute des Alltags
spielerisch
mit weichen Gedanken
die leisen Gesänge
darin
der unterdrückte Schrei

Nichts ist
außer meinen Gedanken
Fenster
zu den Empfindungen
die mich geprägt
Erinnerungen vorausgeeilt
entlang des Weges
Gefühltes erahnen
Gerüche,
das Licht, den Wind
Einblicke
und die Erkenntnis
dass das Vergangene
mich gebar

NETZE
die weiterreichen
deren Fäden
du nicht greifen kannst
und auch nicht lösen.
Gesichter
die daran haften
Begegnungen
untrennbar verknüpft

# 2016

## Sonntagnachmittag

Zeitenstillstand
es bewegt sich nichts
deine Hände
wissen nicht wohin
die Füße
treten auf der Stelle
Momente
die länger werden
(und leerer)
das Warten blockläufig
um zu entkommen
in das Danach zu gelangen
erfolglos
bis zur Tagesschau

## Unhaltbar

Vorbei ist morgen
was heute ist
auch wir sind vorbei
dann.
Du sitzt mir gegenüber
mit beleidigter Miene
der Augenblick im Streit
liegt hinter uns
das Gesagte
hat uns verlassen
so wie das ganze Leben
in allen Momenten
uns verlassen haben wird
dann
ohne Spuren
die Hinweis geben könnten
auf das was war

## Zuletzt

Die Zeit ist aus dem Lot
mit dir und der Ordnung
die dich zusammenhält
du hinkst
in einen verzerrten Raum
der ohne Boden ist
versuchst
dich zu halten
festzuhalten
an deinen Gedanken
die nicht mehr sind
Strukturen der Endzeit
leer im Nichts

## Versuch einer Interpretation zu Zuletzt

*Die Zeit ist aus dem Lot* = Zeitempfinden verändert aufgrund äußerer Umstände, infolge Alters, einer Demenz, aus anderen Gründen
  *mit dir* = weil auch du aus dem Lot bist im weitesten Sinne
  *und der Ordnung* = innere Ordnung, äußere Ordnung
  *die dich zusammenhält* = was hält da zusammen und warum?
  *du hinkst* = bezogen auf das „aus dem Lot sein"; physisch, mental, gedanklich?
  *in einen verzerrten Raum* = in dir? in deiner Wahrnehmung?
  *der ohne Boden ist* = Es entzieht dir den Boden, er trägt nicht mehr, fehlende Grundlage/Basis
  *versuchst dich festzuhalten, festzuhalten an deinen Gedanken* = Es ist körperlich nichts mehr da, woran du dich festhalten könntest
  *die nicht mehr sind* = Es fehlt der geordnete gedankliche Ablauf, es ist kein Konzept mehr vorhanden deshalb
  *Strukturen der Endzeit* = Fall ins Bodenlose
  *leer im Nichts*

## Maske sein

Eingeprägt
die aufgesetzten Werte
darstellen nur
wer man nicht ist
unwissentlich
in ein Korsett genäht
Identität meinen
und doch nicht sein
verborgen bleibt
was man nicht kennt
nicht kennenlernt
im Vakuum
des Verbliebenen

Etwas überspitzt
und doch recht nah
für viele unter uns

## Versuch einer Interpretation zu Maske sein

*eingeprägt* = wodurch eingeprägt

*die aufgesetzten Werte* = welche Werte

*darstellen nur wer man nicht ist* = bewusst oder unbewusst oder beides

*unwissentlich* = ohne es zu wissen, bezogen sowohl auf das Vorangegangene als auch auf den nachfolgenden Vers

*in ein Korsett genäht* = Bestimmt sein durch Einflüsse der Umwelt, so intensiv, dass ein Abweichen kaum möglich ist in Richtung Selbstfindung

*Identität meinen* = zu glauben, dass man gefunden hat, was man braucht, einen persönlichkeitseigenen Inhalt

*und doch nicht sein* = das stellt sich dann als Irrtum heraus, weil es etwa bestimmt wurde durch ein Anspruchsverhalten der Gesellschaft

*verbergen was man nicht kennt* = ich weiß nicht, wer ich wirklich bin, was mich erfüllen würde, ich kenne mich also nicht, verberge mich also selbst

*nicht kennenlernt* = und werde auch nie Gelegenheit haben mich zu finden

*im Vakuum des Verbliebenen* = in der Leere dessen (innere Leere), was verblieben ist, d.h. also dass das Verbliebene die Leere ist

# 2015

Sachen die dich bestimmen
mit denen du umgehst
sie vergisst, verwirfst
die du behütest
in Vitrinen
an den Wänden
auf dem Balkon
deren Entstehung dir fremd ist
und fremd das Erkennen
die du berührst
und spürst
am Körper, im Bett
ihre Nähe
zu deinem Empfinden
Visuell, akustisch
du bist sie
sie sind mit dir
und nur mit dir
Sachen
deren Hiersein vergeht
mit deinem Verschwinden
Nachlass nur noch
den es zu entsorgen gilt

November
Kälte schauert die Körper
die benässte Rinde der Eichen
das Zittern im Fallen
der letzten Blätter
Ahnung heimatlos
ohne den Grund
für die Furcht vor dem Bangen
Gedanken die
in den Himmel streben
eine Leiter besteigen
hinauf und höher
und doch geworfen
wie der plötzliche Ruf
einer Elster in Stille
Erschrecken im Taglicht
des Novembers

## Chaos in der Stadt

Tauben picken die Haare vom Kopf
aus den Scharten der Häuser
schießen die Blicke
Kinder säumen den Sonnenaufgang
Radler fahren verkehr herum
Autos nur noch nach links
ohne Ziel und anzuhalten
Häuser stehen auf dem Kopf
oben ragen Beine raus
dann die Baracken
darin das Grauen
in geordnetem Ablauf
menschgemacht
wider die Natur

Siegertypen Überflieger
Wer sagt so etwas
Was soll das sein?
Siegen nur durch die Kraft
die das zufällig Genetische
unverdient gewinnen lässt
über jene
die man Verlierer nennt
Wer sind sie?
Ist es die Menschlichkeit
vielleicht + Toleranz
die Würde sogar
abseits der Kriege
auf roten Teppichen
sich präsentieren
im Scheinwerferlicht
wie peinlich ist das
sie merken es nicht

Man lebt
mit dem Zeitmaß
des technischen Fortschritts
gegenwärtig
schon in der Zukunft
ohne die Pause
des Atemholens
und Verstehens
der Langsamkeit
in der Bewegung
des mentalen Seins
auf Knopfdruck
unbekannt
das Funktionieren
entfremdet
ohne jeden Bezug

Aus meinem Kopf
gebar ich dein Lächeln
es festzuhalten
gelang mir nicht
zu flüchtig
war der Augenblick
an den ich dachte
später
immer wieder

2014

Mit militärischen Ehren
wer sagt so etwas
was soll das sein?
Krieger sein, Kämpfer
nicht leben und lieben
gesegnet werden
an der Front
gefallen
für das Vaterland
wer sagt so etwas
was soll das sein?
Glückwunsch:
Ihr Sohn ist jetzt
im Paradies

## Ins Nichts (2)

Abschied ins Jenseits
ichlos bleiben
oder verschwinden
im Nichts
bewusst sein
Basis finden
streckenweise
begleiten
zeitnah
Wörter, Sachen
Wünsche, Träume
Menschen
im Austausch
auf halbem Wege
zurückgelassen
allein.
Wohin gehen
fliehen, fallen
ins Bodenlose
der Furcht
vor dem Nichts.

## Fragen stellen

Geht noch mehr
als ein Zuhause haben?
Toilette und Bad
sauberes Wasser
schlaffen können
in einem Bett
ohne Angst
und essen
was im Überfluss vorhanden?
Am Ofen sich wärmen
in Sicherheit rundum
mit Martinshorn
und Unfallwagen?
Ärztliche Versorgung
im Alter ohne Zutun
leben können?
dass es deinem Körper
der dich trägt, gelingt,
wie von selbst
zu funktionieren
dein Körper
dieses Wunder!
Wo bleibt die Ehrfurcht?
Stattdessen
Alkohol und Drogen
Selbstzerstörung
ohne Not
oder doch?

Geht das?
noch sich selbst
verwirklichen zu wollen
angesichts dieser
Privilegien
und des Elends in der Welt?
Ohne Heim
ohne Essen, Bett,
ja ohne Toilette
stets gefährdet
und immer auf der Flucht

Geht das überhaupt?
Dass jedermann
den Inhalt findet
den er braucht?
Gerechtigkeit
bis ins Detail?
Gegen die Interessen derer
die Profitgier leben
machtvoll
Wachstum predigen und
Fortschritt
wachsen worin?
Fortschreiten
in welche Richtung?
zur Sinnfindung etwa
im Konsumieren?
Ersatzweise?
Manipulierte Marionetten!
Durch Schönrednerei
auf Leistung getrimmt!
Von denen
die sich darstellen müssen
großformatig.

An meine Frau

Mit welchem Recht
bestimme ich dein Leben
ohne es zu wollen
es zu merken
was dich betrifft
nur dadurch
dass ich da bin
mit dir zusammen.
Ich denke nicht an mich
ich merke nicht
ob mir was fehlt
deinetwegen
nur die Erkenntnis
trifft mich manchmal hart
dass dies dein Leben ist
das du nur meinetwegen
vergisst zu leben

Vernetzt sein
PC-gebunden
dem Zeittakt gehorchend
der Handys
und Mails
in Bus und Bahn
in jeder Lage
Signale empfangen
reagieren
digital
erleben
ohne zu hören
und zu sehen
sprachlos
trotz der vielen Anglizismen
stumm.
Ich bin 68
ein Fremder
unter Fremden

Maulwurfshügel wachsen
Wind befreit die Blätter
und am Gebetshaus
stören die Krähen

Licht gnadenlos
durchbricht den Nebel
einzelne Bäume stehen
in den Niederungen
üben Starre
den Formationsflug

Der Ruf des Brachvogels
zerteilt die Stille
weiträumig einsam
verliert sich die Zeit
Schilfrispen hängen
frühtaubeschwert

# 2013

## Beim Angeln

Die Taktung des Alltags
nach kurzer Strecke
übt Langsamkeit
Leichtigkeit auch
mit dem Schlagen der Wellen
entlässt dich die Zeit
in jene Bereiche
die zufällig sind
ohne Einfluss
des täglichen Denkens
nur Augen und Ohren
Farben und Formen
Stimmen
Impressionen in Dur
auf dem Boot
als Teil des Ganzen
zur Einheit gebracht
Freisein empfinden

## Herbst (1)

Ahornblätter
Birken auch
durch die das Licht scheint
herbstlich
die Zeit
die vergängliche
die nie ankommt


## Herbst (2)

Da stehst du
auf den Zigarillo gestützt
in der Linken das Bier
und wunderst dich
über die Farben
als ein kalter Hauch
dich berührt
in entblätterte Zweige fährt
an höchster Stelle
alles erzittern lässt
und dir klarmacht:
Bald wird es Winter

## Herbst (3)

Tags darauf
dunkeln die Farben
nur noch
Tristesse in Grau
auf Straßen, Plätzen,
in Pfützen,
Häusern auch
aus denen Licht dringt
Nebellicht
darin am Tage
übergroße Krähen
krächzen
auf den Äckern
schweigend
die bleierne Schwere

# 2012

## Sei (1)

Sieh die Lerchen
über dir
wie sie singen
sie sind!
Sei!
getrennt von dem
was du nicht bist


## Sei (2)

Das was ist
und dich nicht sein lässt
gebiert den Unmut
der in dir wächst

Löse dich
von jenen Fesseln
die verhindern
dass du bist

Befreie dich
um zu erkennen
du bist es
der da wirklich ist

## Alltag (2)

Den Stundenschlag zählen
Begegnung vorm Bad
im Spiegel
täglich
die gleichen Schritte
vom Zähneputzen
bis zum ersten Bier
nach Spuren suchen
des Dazwischen
erwartungsvoll
ins Leere greifen

# 2011

Ruhestand
wohlverdient
Leerlauf mit Hund
sparen müssen
rationieren
das Klopapier
dich selbst
allein
nicht mehr sehen
was sehend erlebt wird
Dingsdas suchen
Wörter
wie Drittzahn
und Rollator
Fensterplatz finden
Begehren erotisch
diagnostisch aufgebahrt
Zeitfenster sein
Duldung verlängern
ausleben

# 2010

Mauern die
das Wollen umschließen
ferngelenkt
im Zentrum des Ichs
verblassen die Bilder
den Träumen entkommen
sie zu erleben
gelingt dir nicht

auch nicht gelingt es
sie zu vergessen
als Punkt zu erfahren
was dich nicht erfüllt
die Mitte zu finden
den richtigen Ton
was dann noch bleibt
ist Resignation

Der Sinn
jener Sinn
das Sinn-Haben
eines Kassenbons
Sinn durch Freude
Unsinn
Müll

Es sind die wenigen Schritte
die das Kommen und Gehen verbinden
das Licht in der Mitte
das nicht zu finden
vorbeigereist und nicht angekommen
nachtgeboren um nur verschwommen
dich selbst zu finden.
Das Warum zu befragen
wenn sie dir sagen
dies sei der Sinn

50 Jahre Hausstand
im Keller
beendeten das lange Warten
im Niemandsland
der Träume
das Bild der Mutter
vom Eishauch des Winters
konserviert
braune und schwarze Kühle
auf üppigem Grün
entlang der Wetter
darin der Mutter
Augen Blick bittend
sich in Wolken spiegelt
in blauen Gärten
Gesichter blank und blass
dort wo sie reden
und Dunkel
die letzten Strahlen verbirgt
Mutters Hände
Brote schmierend
unter den Drachen
über den Dächern
im Windspiel geborene Blätter
der kalte Atem
des ersten Raureifs
und dann der Abschied
den es nicht gab
ihre Gebärde sie zu umarmen
ich konnte das nicht

Hinmüssen
Zwang zu leben
da zu sein
von Beginn an
kopfüber
dem Ausgang zu
ankommen müssen
uhrzeitgenau
nach dem Schrei

Sinnlos sinnieren
über den Sinn
fremdbestimmt
und ohne mich
ersetzt der Irrtum
das was fehlt
bin ich nicht ich
ein Neutrum
des Daseins absurde
Identität:
Zeit ist Geld!
Timeplaner – für was?

Hinmüssen
einmal noch
ohne Angst
abseits der Zwänge
Lohn for nothing
ankommen wollen
der Zeit voraus
zu finden
mich selbst

# 2009

Mal wieder
sehen, hören & spüren
das Licht, den Wind
Wärme & Kälte
die von dir ausgeht
wenn jene Träume
uns verlassen
die gestern noch
zusammenhielten
was nicht passt
und passend
nicht zu machen ist
eine lebenslange Illusion
genähret von erotischer Begierde
bis dass der Vorhang fällt
und übrig bleibt
was immer war:
Realität
ausharren müssen
nebeneinander
in Sprachlosigkeit
und Frust
auf dass der Tod
uns scheide

Grasland wellenweit getragen
die Atmung des Windes
ein Streichkonzert

An der Schnittstelle der Lichtflut
hängen des Himmels Kathedralen
darüber die Sonne brennt

Dann reißt der Film
Wolken drängen aus dem Dunkel
fallen auf die Empfänger meiner Sinne

Netzstörung, Signalwirkung schwach
auch das Selbst ist reduziert
auf die Größe einer Linse

# 2006

## Helgoland (1)

Birder und Vögel
gruppendynamisch geprägt
im Fokus der Linsen und Scharten
gebrochener Bunkerreste
digital erfasst
der Moment des Stillstands
in Eile aufbereitet
zum Gratiskaffee von Zeiss


## Helgoland (2)

Beschattete Wände, Konturen
des roten Felsens, lichtgestaltet
am Rande des Oberlandes
darin das Ordnungsprinzip der
Kleingärtner seltsam harmonisch
sich zu den Bombentrichtern fügt


## Helgoland (3)

Entlang der Flutmauer
das Klatschen der Wellen
Zungen die die Zangen brechen
großer Würfel aus Beton
Brandungsriesen reißen Löcher
von Wellenkämmen
springen Blitze

## Morsum Kliff

Gezeiten spuren
durchgehen
dort verharren
wo Ewigkeit schichtet
die Stille belauschen
über dem Abgrund
schweben
Vögel
akustisch empfangen
Hall-Schall
den verlängerten Blick
im Spiegel ertränken
darin die Glut erlischt
und mich dann betten
in die Zunge
das rote Gestein
zwischen dem Hell

## Am Moorhof

Der Schatten Lider
entlassen das Licht
noch in die Pfützen

Furchen die am Nebel kratzen
des Himmels Blänke
am Rande der Nacht
Rotlicht im Spalier der Bäume

am Trog der Bauer
das Pferd auf dem Rücken
in Stiefeln aus Matsch

dann bellt ein Hund

# 1999

## Ins Nichts (1)

Schäfchen am Himmel
wir atmen die Stunden
in uns hinein
und übermorgen
sollen wir verreisen.

Sommernächte
endlos lang
übermorgen war gestern
noch heute
fällt das Laub von uns.

Da stehen wir
nackt
und tragen die Krone
mit Würde
(vergeblich)
bis morgen ins Nichts.

## Notaufnahme

Bett mit Mensch
nicht
Mensch mit Bett
auch nicht
Mensch ohne Bett
sondern
die Anzahl der Betten
(unbelegt)
Logistikstützen
Kostenträger

und doch:
Leben
Leben auf den Gängen
Schatten
Leben provisorisch
am Tropf
aus Schläuchen
(tik-tak)
im Dunkelraum
den Mund halb offen
die Augen geschlossen
man auf der Kehre
Mensch
das wars

1998

## Fatmas Lippen

Licht
schattenlos
der Morgen befenstert
auf deinen Lippen
geträumt
getrennt von dem
was ich vergaß:
Gesicht und Namen
Zeit, nicht Ort
nicht mein Verlangen
und diese Nähe
deiner Lippen

1997

## Alltag (1)

Noch dabei
am Abgrund zu stehen
hinabzusehen
und zu fliegen
durchläuten
das Deuten der Reste
gläserne Uhren
auf den Fluren
ist Bewegung
Versorgungsleitung klopfen
die schon früher
den Traum durchbrachen
als die erstachen
des Nachbarn Katze
die blecherne Fratze
der Straße ertönte
und ich mich sehnte
nach mehr Schlaf

## Erntedank

Der Sommer verbrauchte
die Farben zu wahllos
wir nehmen die letzten
tragen die Körbe
und schmücken den Raum
vor altem Gemäuer
binden wir Ähren

noch sprachlos verengt
in Alltagsrhetorik
bedrängt uns der Blick
auf welkendes Laub
wir wollten die Blüten
und finden die Zeit
(im Klartext)
vor herbstlicher Weite
hebt sich der Schleier

Löscht die Kerzen!
Gebt den Gedanken
was ihnen gebührt
den Schranken entpflichtet
gebären sie Träume
hoch steht die Sichel
vor dunklem Gewölk
fernab ruft der Waldkauz
gerade noch – vorbei

Oppeln im Winter

Dein Lachen
ans Fensterkreuz genagelt
die lebhafte Mimik
Maske im Stroh
neonbelichtet
die reglosen Schatten
altes Gebälk
verwittert und roh

Bleich hängt der Tag
an dunklen Girlanden
durch das Gemäuer
dringt lichtloses Grau
Sommer
in vergessenen Taschen
wolkiger Himmel
nur selten ein Blau

Und bildhaft davor
der Bäume Weiser
darunter
ein blankgefrorener Pflug
Reste von Blättern
in leeren Gamaschen
und über allem
der Vögel Zug

1996

Septemberlicht

Ein Blatt im Wind
zufallgetrieben
vorbei an ausgetretnen Pfaden
zeitlos, nicht eingeschränkt
durch Pläne übers Ziel
im Spiel nur mit dir
und deinen Gedanken
tagtraumgeboren
erreichen wir Paris

Septemberlicht fiel auf dein Haar
der Tage Zeit, die keine war

Das Blatt ist fort
geblieben sind die Pfade
in trister Abkehr
füllt sich des Tages Soll
mit mir und dir
(-) als Fremde in
entleerten Räumen (-)
entzweit die Einsamkeit
das Wir

Septemberlicht fällt auf dein Haar
der Tage Zeit, die keine war

1992

## Angler und Kormorane

Von den Torfmooren kommen sie
wellenschlagend
wo Mondlicht
die Fröstelnden findet
und Nebel
über dem Wasser liegt

wenn der pupillenbestirnte Blick
den Schlafbaum erreicht
wo sie verweilen
nachtgestaltet
auf kahlem Geäst

erschlaffen die betauten Körper
zu dunkeln das Licht
in jener Ferne
des ersten Erwachens
auch in den Booten

# 1968

## Kompromisslos

Ein Teichlicht wirft
Schatten an die Wand
die schemenhaft
in höhnischer Gebärde
vom monotonen Ticken
des Weckers
bezwungen
mit magischer Kraft
zu tanzen
beginnen,

genötigt durch des
Luftzugs Willkür

erfüllt
der Zigarette kalter Rauch
die Leere
meines seelenlosen Körpers

mit elektronischen Chorälen

beginnt der Toten Messe
an der Wand:
verschwimmende Konturen
sich windender Leiber
im Banne des Tones
der das Gemäuer zersägt
sich auflöst und gefriert
Es oxidiert

Der Mensch

## Versuch einer Interpretation zu Kompromisslos

Das Fenster war einen Spalt geöffnet und auf dem Nachttisch stand der Wecker. Ich war ziemlich erschöpft und mir wurde die Enge bewusst, in der sich unser Leben abspielt mit Arbeit, Essen und Schlafen und die ein Ausleben von Trieben und Emotionen nicht mehr zulässt.

Demgegenüber sah ich die Schatten an der Wand, die offenbar frei „in höhnischer Gebärde" mich auf meine Ohnmacht stießen, die ich mir aber selbst nicht eingestehen mochte, um nicht vor den Erfordernissen der Realität zu resignieren, d. h. ich mochte den Schatten die Freiheit nicht zugestehen und ordnete ihren Bewegungen deshalb den Rhythmus unseres Zeitgebers, der Uhr, des Weckers, zu. Dennoch weckten die Schatten in mir „mit magischer Kraft" den Wunsch nach mehr Freiheit. Dann kommt die ganz realistische Feststellung, dass das Tanzen der Schatten auf die Willkür des Luftzugs zurückzuführen ist, der gleichermaßen auch dem Rauch meiner Zigarette bizarre Formen gibt, die im Zusammenspiel mit dem Ticken des Weckers akustisch empfunden werden.

Der Rauch „füllt" also nicht den leeren Körper, sondern Choräle erfüllen die Leere (ohne Seele), allerdings elektronisch, sodass auch die Choräle mit dem Ton des Weckers (aus dem Ton des Weckers) etwas kaltes, gefühlloses haben.

Dieser Ton muss letztlich auch das Schicksal jener freien Leiber an der Wand besiegeln, um mein eigenes Unvermögen zu rechtfertigen, ein Weiterleben in Enge zu beenden.

Zum Schluss kommt dann noch einmal die nüchterne Erkenntnis, dass (das) Es oxidiert im Sinne von Siegmund Freud, bei dem das Es das Gefühl, den emotionalen Grund, darstellt.

1967

Labyrinth der Gedanken
schwanken
in Melancholie.
Der irrealen Bilder
sinnloses Heute
bereute ich:
Zukunftshoffnung
ohne Weg, der Steg
der Kompromisse
ist zerbrochen

# 1966

Oh Nacht dass du noch da bist
rettet vieles
was durch den kalten grauen Tag zerstört
und was die Lyrik deiner Stunden
im Dämmerlicht des Seins erhört

# 1965

## Herbst

Es ist Herbst, die Blätter fallen
ein steifer Wind jagt durch die Stadt
Melancholie ist in uns allen
ein Wort das viel Bedeutung hat.

Melancholie ist banges Träumen
bei Traurigkeit und goldnen Weinen
Melancholie ist dunkles Schweigen
der Wahrheit welcher wir uns beugen.

Es ist Herbst, die Wolken ziehen
ein letztes Lied geht um die Welt,
die schönsten der Gedanken fliehen
hinauf ins blaue Himmelszelt.

# 1964

## Sturm am Deich

Es heult am Deich ein rauer Südwest
und Wolkenfetzen, die jagen,
gepeitscht und gepeinigt
ohn Rast und ohn Ruh
ein Haufen von wilden Gedanken im Nu
zerstörende Kraft hat das Sagen.

Dort hinten ein Brett das klappert im Wind
es gellt wie aus tausend Munde
ein Schreien und Stöhnen
hier links brüllt ein Rind
so wie ein verlassenes einsames Kind
verloren in tobender Runde

Am Wegrand der Weide verzerrtes Gesicht
es mahnen die kahlen Äste
von drüben der Elbe hellschäumende Seen
die Hölle des Himmels herüber mir wehen
das Höhnen der teuflischen Feste.

## Resignation

Kein Bargeld das ich hätte flüssig
der Hetzerei längst überdrüssig
gemartert und geschunden nur
das ist dein Leben Kreatur

Es gilt doch nur was egoistisch
sich seinen Weg nach oben bahnt
und rücksichtslos all das beseitigt
was zu Moral und Menschsein mahnt.

Was nützt es aber dass ich rede
und wenn ich schreibe noch dazu
nicht das Geringste lässt sich ändern
komm lieber Geist, leg dich zur Ruh.

Legt euch zur Ruh, ihr Feingefühle
die Fantasie hinweg sich stehle
sodass ich endlich endlich kann
was man verlangt von mir als Mann

Zu gammeln hab ich nicht mehr nötig
bin Realist von Kopf bis Fuß
mit Scheitel und mit Schlips nur tätig
und kenne keinen Überdruss.

Als braver Bürger werde ich dann
geachtet wohl von jedermann
der nicht nur fußballinteressiert
sondern auch sonst noch ganz versiert.

Oh geht ihr jammernden Gestalten
der unfruchtbaren Hirngespinste
Realität allein lass walten
Märtyrer unrealer Dünste.

Denn nur durch sie erlangt ihr Leben
um euren Emotion' zu traun'
was nützt dir schließlich alles Streben
am Ende bist du nur der Clown.

## Zum Jahreswechsel

Vor mir steht das alte Jahr
und erwacht im Neuen
lange ist es wohl versäumt
was wir heut bereuen.

Manche Freud und manches Leid
wart und da beschieden
möge Gott dass alle Zeit
wir von beidem kriegen.

Denn wer nie das Leid gekannt
muss die Freude missen
und wer nur die Freud gekannt
wird von Glück nichts wissen.

## Erinnerung

Vor Jahren war's in einem herbstlich lichten Wald
wir beide gingen eng umschlungen
die Nebel fielen und es wurde kalt
der Vögel Lied war längst verklungen.

Der hohen Bäume mächtig Rauschen
erfüllte und mit bangem Mut
durch junge Liebe zu berauschen
ward reif das jugendliche Blut.

Noch fester schmiegten wir uns aneinander
ein leises Lauschen ging von Herz zu Herz
so schüchtern wie des Frühlings erster Strahl
die Blume bricht mit sanftem Schmerz.

Doch dann als und des Abends Stille
verführerisch ins Dunkel bat
ward aus dem Lauschen fester Wille
und unsere Sehnsucht bald zur Tat.

Noch heute spür' ich deinen heißen Atem
im Schein des Glücks verschwanden Raum und Zeit
nur für uns beide ganz alleine
im Dunkel der Unendlichkeit.

## Danksagung

Am Ende eines jeden Buches steht eine Danksagung, sogar bei Gedichtsammlungen. Ich möchte mich zu allererst bei Opa Rolf bedanken, der mir bei dieser Sache von Anfang an vertraut hat. Ohne dieses Vertrauen wäre das Buch vielleicht nichts geworden.

Danke auch dir, Mama, die hier sehr viel mit ihrem Vorwissen vom Veröffentlichen von Büchern geholfen hat. Opa Rolf und ich wären wahrscheinlich ohne dich verloren gewesen. Doch durch dich haben diese Gedichte ihren Weg in dieses Buch gefunden.

Und zu guter Letzt danke an alle Leser da draußen, die begeistert Lyrik lesen oder sich gerade erst heranwagen. Ihr seid wahrscheinlich die wichtigsten Mitwirkenden in der Kunst – egal in welchem Bereich. Das sollte einmal erwähnt werden.